DESCRIPTION
DU
MISSISSIPI,

LE NOMBRE DES VILLES & Colonies établies par les François, les Isles, Rivieres & Territoires qui le bordent depuis le Levant jusqu'au Couchant, & du Nord au Sud, les Mœurs & Négoces des Sauvages qui y habitent, la maniere de se faire la Guerre & la Paix, la Fertilité du Pays, & la Chasse aux diférens Animaux qui s'y trouvent.

Par M. le Chevalier de BONREPOS.

Ecrite de MISSISSIPI en France, A MADEMOISELLE D***,

Imprimé à Roüen,
Se vend A PARIS, chez BERTHELEMY GIRIN, ruë du petit Pont, près le petit Châtelet. 1720.

AVEC PERMISSION.

DESCRIPTION
DU
MISSISSIPI.

Vous voulez donc, ma chere Cousine, briller parmi les Dames de vôtre quartier, & faire du bel esprit, en parlant avec connoissance de cause du *Missisipi*, qui fait maintenant l'entretien de tant de Compagnies, dans l'espérance où ils sont des immenses profits que le Royaume doit retirer de son Commerce. Vous êtes fort loüable de faire rouler vos conversations sur un sujet si qui n'intéresse point la réputation de vôtre prochain. As-

fez d'autres qui paſſent tout leur
temps à faire & à rendre des viſites,
gens deſocupez, le déchirent & le
tournent en ridicule dans ces Cer-
cles de féneants & de féneantes
dont vôtre Ville eſt ſi remplie.
Vous ſouhaitez que ce ſoit moi qui
vous guide dans ce vaſte Pays, où
vous ne connoiſſez preſque rien :
Vous ne ſçavez dites-vous au vrai,
ſi le *Miſſiſipi* eſt un Continent, une
Iſle ou une Riviere, vos Dames en
parlent diverſement, comme vous
me l'écrivez.

Je vais donc vous mettre au fait
de toutes choſes, & en état de tenir le Bureau dans les viſites qu'elles
vous feront, ou que vous leur ren-
drez. On peut regarder le *Miſſiſipi*
comme un Fleuve, comme un Iſle,
comme un Continent ou Terre ferme. C'eſt un Fleuve, & le plus grand
de l'Amerique Septentrionale, après
celui de Saint Laurent. Il eſt nommé *Meſchaſipi* ; les François l'apellent le *Fleuve Colbert*. Je vous en dirai

dans la suite la raison ; & les Espagnols lui ont donné le nom de *del
Rio ascondito*[†], parce qu'ils avoient
cherché long-tems son emboucheure sans pouvoir la découvrir. Il est
éloigné environ de dix-sept ou dix-
huit cens lieuës du Royaume de
France, & après un cours de près
de huit-cens lieuës, il se décharge
dans le Golfe de Mexique. Il a sa
source au haut d'une petite monta-
gne dans le pays de certains Sauvages nommez *Issati*, qui composent
vingt-quatre ou vingt-cinq grands
Villages, sur le cinquantiéme degré
de latitude. Si vos amies vous arrê-
toient sur ces mots, *degré de latitude*,
vous leur direz en personne savante
& intelligente, que ce qu'on apelle
degré de latitude, c'est l'espace que
l'on commence à compter depuis
l'Equateur jusqu'à l'un des Poles, &
que chaque degré contient vingt
lieuës de France.

Ce Fleuve devient si considérable
à cinq ou six lieuës de sa source, par

† Riviere cachée

autant de grosses Rivieres qui s'y déchargent, qu'il est capable de porter Bateau : mais par malheur il n'y a point de ces lourdes & grandes Machines que vous voyez arriver sur nos Ports, ou dans nos Rivieres. On ne s'y sert encore que de <u>Canots</u>, qui sont de petites Barques faites tout d'une piece, qui ne contiennent tout au plus que six ou sept personnes, & il est bien rare que l'on en construise qui en puis-sent contenir un plus grand nombre. Mais quand les peuplades de nos François auront un peu pris le ter-rain à goût, ils étonneront bien tôt les Sauvages par les beaux Vaisseaux qu'ils y feront voguer, afin d'aller trafiquer au loin ǁ de leurs Pelleteries & autres Marchandises qui ne font pas encore fort communes, mais le temps améne tout, & nos braves Ouvriers les tireront bien tôt de <u>leur oisiveté & de la paresse dans la-quelle ils vivent</u>, n'ayant presque d'autre exercice que la Chasse, la

Pesche & la Guerre, qui est toûjours cruelle. Les Femmes sont oc-
cupées au ménage & à foüir un peu
de terre pour y semer du Bled
d'Inde dont ils font leur nourritu-
re. Le Mississipi va au Sud-Sud-
Oüest, & vient du Nord: vous sau-
rez que le Sud veut dire le Midi,
que l'Oüest marque l'Occident, &
le Nord signifie le Septentrion: Ce
Fleuve a presque par tout une demie lieuë & quelquefois une lieuë
de large. Après avoir arrosé quantité de Pays & s'être considéra-
blement enflé par plusieurs Rivieres qui viennent décharger leurs
eaux dans son lit, il se jette entre
le 22. & 23. dégré de latitude, ou
selon d'autres, entre le 25. & 26.
dans le Golphe du Mexique par
un gros Canal qui a deux lieuës
de largeur, qui est tres-profond &
tres-pratiquable : Cependant au-
près de la Mer ses bords sont im-
praticables, tant à cause des in-
ondations qui sont fréquentes,

principalement au Printemps, que
pour la stérilité de la plage. Ce n'est
par tout ce Pays que Cannes, Ron-
ces & Bois renversez ; mais environ
une lieuë & demie dans les terres,
c'est le plus beau & le plus agréable
sejour du monde ; grandes Prairies, Bois francs, remplis de Meuriers, Noyers & Chateigniers. On
y void des Campagnes couvertes
de toutes sortes d'Arbres fruitiers,
d'Orangers, de Citronniers, de
Grenadiers ; des Coteaux chargez
de Vignes, des Champs qui portent
deux fois l'an du Bled d'Inde.

La Riviere du Mississipi est fort
poissonneuse ; il y a des Barbuës
qui sont monstrueuses, la chair en
est assez bonne, & on les prend à
l'Ameçon aussi bien qu'au Filet; les
Carpes sont aussi d'une grosseur extraordinaire & d'un fort bon goût,
elles sont faites comme les nôtres ;
l'Automne elles s'aprochent du ri-
vage, & se laissent prendre facilement au filet ; mais ce qu'il y a de

deſagréable, c'eſt que dans quelques endroits de ce Fleuve, particulierement vers la Nation de *Taëncas*, il s'y nourrit des Crocodiles d'une prodigieuſe groſſeur, même en aſſez grand nombre, & ils ne diférent en rien à ceux du Nil. Ils ſe promenent quelquefois le long des rivages, & malheur à ceux qu'ils trouvent endormis ou ſans défenſe, car ils ne manquent jamais à les devorer, quelquefois même ils atrapent des Sauvages lorſqu'ils traverſent la Riviere à la nage. Mais auſſi on ſe venge bien de ceux qu'ils devorent quand on les peut attraper en vie. Voici la maniere dont les Sauvages les prennent; ils leur jettent de groſſes cordes d'écorce d'arbre à nœud coulant ſur le col, ou ſur le milieu du corps, dans les pattes, &c. de ſorte qu'après s'en être ſaiſis, ils les enferment entre dix ou douze piquets où ils les attachent après leur avoir tourné le ventre en haut,

en cette posture ils les écorchent
sans toucher à la tête ni à la queuë,
& leur donnent un habit de Sapin
où ils mettent le feu en coupant
les cordes qui les retiennent. Ils
font des cris & des hurlemens é-
pouventables. Au reste ces dangereux animaux servent aussi de nou-
riture aux Sauvages, la chair en est
ferme, blanche, & d'un tres-bon
goût, elle a la fermeté du Thon
& la douceur du Saumon. Vers la
Riviere d'une Nation qu'on apelle
les Osages, qui est fort spacieuse,
& dont la source vient de l'Occident, & se décharge dans le Mississipi, (où elle entraîne une si grande quantité de vase & de limon
jusqu'à près de vingt lieuës de son
emboucheure, & dont les Rivages
sont bornez de gros Noyers,) on
voit une infinité de chaussées de
Castors, ce qui y améne quantité
de Chasseurs qui s'enrichissent des
dépoüilles de ces pauvres Bêtes,
dont la peau est si fort estimée;

La chair en eft delicate l'hyver &
l'automne , mais il faut la rôtir
pour la manger tout à-fait bonne.
Un grand Caftor a vingt-fix pouces de longueur entre tête & queuë,
& fa circonférence eft d'environ
trois pieds fix pouces. Si je ne crai-
gnois pas de faire un Livre au lieu
d'une Lettre, je vous décrirois exa-
ctement ces Amphibies , dont les
ouvrages font la production d'une
fi fine ftructure, qu'à peine l'art
peut-il fournir rien d'auffi beau.

Je vous ai dit qu'il fe décharge plu-
fieurs grandes Rivieres dans le Mif-
fiffipi, ce qui le rend fi grand &
d'une raifonnable profondeur ; il
faut vous dire encore le nom de
quelques-unes des plus confidéra-
bles. La *Riviere longue* , ainfi nommée à caufe de la longueur de fon
cours , tire fa fource d'une chaîne
de Montagnes qui font à l'Oüeft,
& qui confinent le nouveau Mexique qui apartient aux Efpagno's ;
elle fe forme de quantité de gros

Ruiſſeaux ; ſon cours eſt aſſez calme , & elle eſt ſi droite qu'elle ne
ſerpente preſque pas juſqu'à ſon
emboucheure qui forme un eſpece
de Lac rempli de joncs. Au reſte,
quoique de temps en temps les Rivages de cette Riviere ſoient bor-
dez d'arbres de haute futaye & de
vaſtes Prairies , en regardant les
choſes en général , ſes Rivages
ſemblent affreux ; ſon Eau même
eſt dégoûtante ; mais elle dédom-
mage de tout cela par ſon utilité ;
car elle eſt fort navigable, elle por-
teroit même juſqu'à des Barques
de cinquante Tonneaux. Cette Riviere eſt bornée de quantité de
Nations Sauvages , dont les plus
conſidérables ſont, les *Eokores* , les
Sanapes & les *Gnacſitares* ; vers ſa
ſource il y a encore des Peuples
puiſſans, mais qu'on connoît peu,
parce que les François n'y ont pas
encore pû pénétrer. On aſſure
néanmoins qu'ils ſont plus polis &
plus honnêtes que les autres Sau-

vages ; on met de ce nombre les
Moseemlek & les *Iahuglauk*, ces derniers ont des Villes, dont l'encein-
te est de pierre enduite de terre
grasse, les maisons sont découver-
tes, sans toît & en maniere de
plateforme. Les *Mozeemlek* trafi-
quent avec eux, & leur aménent
des petits Veaux pris dans les
Montagnes, & dont ces derniers
se servent à plusieurs usages : ils en
mangent la viande ; ils les dressent
au labourage, & la peau sert à les
vétir & à leur faire des bottes. En
descendant la Riviere longue, on
trouve celle de *Ouicousine*, qui prend
sa source, proche la Riviere des
Puants, ensuite se presente la Riviere des *Islinois* ou *Seignelay*, qui est
très-connuë & très-belle. Elle prend
sa Source d'une éminence à six
lieuës du Lac des *Islinois*, & va se
jetter après deux cens lieuës de
cours, dans le Mississipi, & a bien
cent soixante lieuës de cours navigable ; les environs en sont aussi

* voiez ci aprés p. 22. 23.

délicieux que fertiles ; on y void
des animaux de toutes especes ,
Cerfs , Biches , Loups-Cerviers ,
Orignats , Lievres , Lapins , & une
infinité d'autres ; mais les Castors
y font rares. Pour des Arbres ,
ce ne font que Bois à haute futaye,
avec de grandes allées qui sem-
blent être tirées au cordeau.

En plusieurs endroits on y void
de grands Ceps de Vignes, dont les
Sarmens confondus parmi les bran-
chages des plus grands Arbres, soû-
tiennent des Grapes de Raisin suf-
penduës, d'une grosseur extraordinaire, il n'y en avoit guéres de plus
grosses, je pense , dans la Terre
de Canaan. Les Sauvages qui donnent le nom à cette Riviere , font
des hommes tout-à-fait civilisez ,
& qui n'ont rien presque de sauvage que le nom ; ils font carref-
fans, flateurs, complaifans au dernier point ; mais aussi-fort rufez ,
adroits , vifs , prompts & souples à
toutes fortes d'éxercices. Ils font

fort bien faits , robuſtes, de belle taille , & d'un teint batanné : ils ſont grands Chaſſeurs , & ſouvent ils ſont aux priſes avec les *Iroquois*; mais depuis que les *Iſlinois* ont fait alliance avec les François, & qu'ils ſe ſont mis ſous la protection du Roy de France qu'ils reconnoiſ-ſent pour leur Souverain, les *Iroquois* nation feroce , crüelle , avare & avide de ſang, ont été obligez de vivre avec eux en bonne intelli-gence.

La Riviere des *Oabachi* qui vient de l'Eſt , ſe jette dans le Miſſiſſipi, à quatre-vingt lieuës de celle des *Iſlinois*. C'eſt par cette Riviere que les *Iroquois* viennent faire la guerre aux Nations du Sud. Ils ſe ſont rendus ſi redoutables à pluſieurs, que la terreur de leur ſeul Nom les en a rendus les maîtres : ils ont ſubjugué les *Miamis,* les *Quiaquous*, les *Maſcontans* , & quelques autres, & ont fait de leurs voiſins autant d'Eſclaves, après en avoir maſſacré une infinité.

Il viènt encore une autre Riviere de l'Eſt, à qui on a donné le nom *d'Ohio*, qui veut dire belle Riviere, à cauſe de ſa beauté, qui ſe décharge dans le Miſſiſſipi, à près de quatre-vingt dix lieuës au-deſſous de celle des *Ouabachi*; il y a des Poiſſons de pluſieurs eſpeces que nous ne connoiſſons point en France, qui ſont fort délicats, on n'y trouve point de ces vilains Crocodiles qui ſont ſi terribles & ſi dangereux aux pauvres humains. Ses Rivages ne ſont ni moins beaux ni moins fertiles que ceux des autres Rivieres dont nous avons parlé : Arbres de haute-futaye, Platanes, Ormes, Chateigners, Meuriers, Oliviers, & autres de diverſes ſortes; dans les Campagnes on y voit des Orangers, des Citronniers, Grenadiers, qui ſont les délices des habitans, outre le Bled d'Inde qu'on y recüeille en quantité. On y void des Poulles domeſtiques, des Poulets d'Inde en

grand

grand nombre, des Canards, des
Outardes, des Oyes, & dans les
Bois des Faiſans, & même des Pé-
licans. C'eſt ſur le bord de cette
Riviere & dans les lieux circon-
voiſins qu'habite un Peuple de Sauvages fort nombreux, & en même
temps fort humain, recevant parfaitement bien les Etrangers, &
particulierement les François, à
qui ils ont accordé de la meilleure
grace du monde, d'y conſtruire
un Fort pour leur ſervir d'Entre-
poſt & d'habitation dans un Pays
ſi beau & ſi charmant. Cette Nation, qui eſt maintenant ſous l'o-
beïſſance du Roy, s'apelle *Chikacha.*
Ils ont un goût fort bizare tou-
chant la beauté, la faiſant conſiſ-
ter à avoir la face platte comme
une aſſiette; deſorte que leurs Enfans ne ſont pas plûtôt nez, qu'ils
ſe donnent un grand ſoin de leur
aplatir le viſage avec des tablettes
de bois qu'ils apliquent ſur leur
front, & qu'ils ſanglent fortement

B

avec des bandelettes ; toutes les autres Nations, jusqu'au bord de la Mer, se donnent cette figure. Plus de cinquante lieuës au-deſſous de l'*Ohio*, eſt une grande Riviere qui vient de l'Oüeſt nommée la *Sablonniere*, dont les bords ſont enrichis de differentes ſortes d'Arbres, & de Villages peuplez de differentes Nations de Sauvages, dont la plûpart ſont plus connus des Eſpagnols que des François.

On peut ſi vous voulez, nommer le Miſſiſſipi une Iſle, la raiſon eſt que dans ſa plus grande largeur qui eſt d'une bonne lieuë, & dans la moindre, d'une demie, comme je l'ai déja dit, il ſe forme de temps en temps de petites Iſles couvertes d'Arbres, entrelaſſées de quantité de Vignes qui empêchent qu'on n'y puiſſent entrer facilement ; de là vient que les Sauvages qui ſont naturellement pareſſeux, ne ſe mettent pas beaucoup en peine de les défricher pour en faire des habi-

tations , d'autant plus qu'ils ont
beaucoup de grandes Campagnes
& de Terre ferme pour y faire
leur demeure : Au reſte , au deſ-
ſous du Village des *Coras*, Sauvages aſſez traitables , en deſcendant
vers la Mer , le Miſſiſſipi ſe diviſe
en deux Canaux qui forment une
grande Iſle qui eſt aſſez étenduë,
& qui a plus de ſoixante lieuës de longueur , ſelon que les Voyageurs
l'ont obſervé. De plus, à dix lieuës
de la *Sablonniere*, le Miſſiſſipi ſe
partage en trois Canaux , qui ſe
réuniſſent à douze ou quinze lieuës
de là , par un eſpece de confluent,
ce qui forme encore deux Iſles aſſez conſidérables , mais peu habi-
tées.

Mais le Miſſiſſipi mérite mieux
le nom de Continent ou Terre
ferme, que celui de Fleuve ou d'I-
ſle , puiſque c'eſt un Pays d'une
prodigieuſe étenduë ; dans le Canada au Sud-Oüeſt , au de-là des
cinq grands Lacs nommez aujour-

d'hui Lac Dauphin, auparavant Lac des Islinois; Lac d'Orleans, auparavant Lac des Hurons; Lac de Condé qui est le plus grand de tous; Lac de Conti, auparavant Lac de Herié, & le Lac de Frontenac, ou Lac supérieur : Ce dernier nommé du nom de Monsieur le Comte de Frontenac Gouverneur Général de Canada, a trois cens lieuës de tour ou environ, & sa traverse est d'environ quatre-vingt lieuës, il communique avec les quatre autres d'une pareille ou d'une plus grande étenduë; l'entrée de ce Lac est défenduë par un Fort, soûtenu de quatre gros Bastions dans le fond d'un Bassin capable de contenir une nombreuse Flotte; les environs en sont charmans. Ce fut le Sieur Robert Cavelier de la Salle, natif de Roüen, lequel s'étant embarqué à la Rochelle au mois de Juillet de l'an 1678. alla pénétrer dans ces vastes contréed qui restoient à découvrir

dans l'Amérique Septentrionale ,
malgré les périls & les difficultez
qu'il avoit à ſurmonter ‚ On a peine
à comprendre comment un hom-
me peu accompagné ‚ ignorant les
langues des differens peuples qui
les habitent, obligé de s'expoſer à
la merci de ces Barbares, toûjours
ſur ſes gardes pour éviter les ſur-
priſes, obligé de traverſer, tantôt
des Foreſts immenſes remplies de
toutes ſortes de bêtes ſauvages &
carnaſſieres , tantôt de grandes
Campagnes incultes , tantôt des
Rivieres ſpacieuſes & rapides; ex-
poſé à ſouffrir le plus ſouvent la
faim & la ſoif , & les rigueurs des
diférentes ſaiſons ; On a peine,
dis je, à comprendre que Mr. de
la Salle, qui fut tué par la perfi-
die de deux de ſes gens , grands
Scelerats, ait pû venir à bout d'u-
ne ſi noble & ſi importante entre-
priſe , & de faire une découverte
d'environ dix-huit cens lieuës, tant
du Nord au Sud , que du Levant

au Couchant. C'est cette grande
étenduë de Terre que Mr. de la
Salle nomma la *Louisianne*, du nom
de Loüis le Grand, après qu'il
en eût pris possession, & qu'il eût
en plusieurs endroits arboré les
Armes de ce grand Monarque, &
soûmis† à sa domination une infinité de ces Sauvages.

Mr. de la Salle voulant accoûtu-
mer ces differentes Nations qu'il
parcouroit, à connoître la Cour
de France, changea les noms de
ces grands Lacs dont nous avons
parlé, & les apella l'un le Lac d'Orleans, l'autre le Lac de Condé,
&c. Et Mr. Colbert sous le mini-
stére duquel on fit de si grands
Etablissemens qui ont rendu la
France si glorieuse, ayant apuyé
fortement l'entreprise de ce grand
& celébre Voyageur, il voulut par
reconnoissance que le Fleuve de
Mississipi s'apellâr le Fleuve Colbert, & la Riviere des *Islinois* por-
tât le nom de Mr. le Marquis de

† façon de parler: c'est à dire gagné par
d'étenduës et de périls présents et célé-
brels.

Seignelay son fils aisné.

Je ne prétends pas dans une simple Lettre vous mettre au fait de tous les differens Peuples qui habitent la Loüisianne, soit en vous aprenant leurs Noms, leurs Mœurs, leur Religion, leurs adresses, ni leurs diferens caractéres : il y a sur cela quelques Ouvrages qui pourront vous en instruire, si vôtre temps & vôtre curiosité vous porte à les lire. Je vous ai déja parlé de quelques-unes des Nations qui habitent le long des Rivieres qui entrent dans le Mississipi, en voici encore quelqu'autres qui se répandent dans les Campagnes, & qui sont plus connuës, que je ne puis me dispenser de vous faire connoître. Celle qui se presente d'abord à ma plume, est nommée la Nation des *Miamis*, dont le Pays confine d'un côté à celui des *Iroquois*, & de l'autre à celui des *Illinois*; il est arrosé d'une Riviere qui porte le même nom, & qui se jette dans le Lac des Iſlinois. Ces peuples ſont gens fort traitables , chez eux ſe trouve une abondance de toutes les choſes néceſſaires à la vie : il y a des Grains & des Fruits de toutes ſortes , des Poiſſons de diférentes eſpeces , & du Bétail , &c. Mr. de la Salle , pour fixer l'inconſtance de ce peuple , qui eſt aſſez naturelle aux Amériquains , & pour affermir l'autorité du Roy , y fit bâtir un Fort ſur le bord de leur Riviere.

Les *Akanſéas* , compoſent une Nation dont les Terres ont plus de ſoixante lieuës , ils ſont partagez en pluſieurs grands Villages de diſtancé en diſtance , qui portent diférens noms ; le Pays abonde généralement par tout en Grains , en Fruits , en Gibier de toute nature & de toutes eſpeces : la température de l'air y eſt merveilleuſe , on n'y voit jamais de neige , tres peu de glace ; leurs Cabanes ſont bâties de bois de Cedre , toutes

natées

natées en dedans & fort propres,
ils ont un Chef qui a sur eux beaucoup d'autorité.

La Nation des *Naches*✝ est parta-
gée en deux dominations, la pre-
miere qui est la moindre, n'a pas
plus de vingt lieuës à la ronde, &
leur plus grand revenu se tire de
la Pesche des Perles qu'ils vont
faire avec des Piroques à la Mer.
Comme ils font un grand commerce de ces Perles, à qui la fantaisie
des hommes a attaché un si grand
prix, il y a parmi eux un grand
nombre de Plongeurs, qui vont au
fond de l'eau chercher les pré-
cieuses Ecailles qui les renfer-
ment. La seconde domination est
bien plus étenduë, elle peut mettre facilement en tout temps, plus
de trois mille hommes sous les
armes; leurs terres sont tres bien
cultivées, portent du Bled d'Inde,
de toutes sortes de Fruits, des O-
liviers, des Vignes. On y void de
grandes Forests remplies de toutes

✝ ou *Natchés*

C

fortes de Beſtiaux ; de belles Campagnes , & de vaſtes Prairies , la
Peſche & la Chaſſe font leur oc-
cupation & leur richeſſe.

Les *Quinipiſſas* eſt une autre Nation puiſſante , mais ils ne ſont pas
auſſi civiliſez que ceux dont nous
venons de parler ; au contraire ils
ſont féroces , difficiles à aprivoiſer,
traîtres , faiſant des courſes ſur
leurs voiſins , qu'ils maſſacrent
quelquefois avec beaucoup d'inhu-
manité ; ainſi il faut ſe bien tenir
ſur ſes gardes quand on traverſe
leur Pays , ou qu'on fait avec eux
quelque Commerce. Ils redoutent
néanmoins les François & nos armes à feu les ont ſouvent mis à la
raiſon. Ce ſont les plus proches
habitas de la Mer. Il faut avant
que de vous faire quiter ces Peuples , vous donner le divertiſſement
d'une Chaſſe qu'ils font de temps
en temps. Ils ſe joignent pluſieurs
Nations enſemble pour cet effet ;
cette Chaſſe conſiſte à prendre de
gros Bœufs qu'on nomme *Cibolas*,

Ils sont beaucoup plus gros que les
nôtres, & ce qu'il y a en eux d'extraordinaire, c'est qu'ils ont une
bosse qui commence au chignon du
cou, & va jusqu'au milieu du dos,
ils paissent ordinairement dans des
Cannes, & quelquefois on en voit
ensemble jusqu'au nombre de quinze cens; comme ils sont au milieu
des Cannes ou Roseaux qui croiss-
sent dans des lieux marécageux,
il est tres difficile d'en aprocher,
& si les Sauvages osoient se hazar-
der de les aller attaquer dans ces
retraites presque impratiquables,
ils couroient grand risque de per-
dre la vie, en demeurant embour-
bez, ou d'être déchirez par ces
Animaux, qui entrent aisément en
fureur pour peu qu'on les attaque.
C'est ce qui engage les Sauvages à
user de l'adresse suivante pour les
prendre. Ils font un grand circuit
tout autour de ces Bêtes & y mettent le feu par divers côtez, sur
tout quand le vent souffle plus

fort qu'à l'ordinaire ; ils excitent
par ce moyen un grand incendie,
tout l'air eſt d'abord rempli de
fumée, laquelle ſe change en flâme
en un moment, & la rapidité du
feu jointe au bruit effroyable que
fait cette Foreſt fragile & brûlan-
te, jette l'épouvente dans le trou-
peau. Ces Bœufs effrayez fuyent
de toutes parts. Les Sauvages per-
chez de diſtance en diſtance ſur
des Arbres, dardent les uns, tirent
de l'Arc ſur les autres, & en
font une boucherie effroyable.

Pendant que nous ſommes ſur
l'article des Bêtes & de la Chaſſe
qu'en font les Sauvages, je vais
encore vous parler de deux ſortes
d'animaux qu'on ne connoît point
en France, ni même en Europe,
& dont les Peaux ſont fort recher-
chées ; ce ſont les *Orignac* ou *Ori-*
gnaux, & les *Cariboux*. L'Orignal ou
l'Orignac eſt une eſpece d'Elan,
grand comme un Mulet d'Auver-
gne & de figure ſemblable, à la

réſerve du muſle, de la queuë, & d'un grand Bois plat qui peſe juſ-qu'à trois cens livres, & même juſqu'à quatre cens; le poil de l'Orignac eſt long & brun, ſa peau forte & dure, quoique peu épaiſ-ſe, & la viande délicate. Il ne court ni ne bondit, mais ſon trot égale la courſe du Cerf. Les Sau-vages aſſurent qu'il peut en Eté troter trois jours & trois nuits ſans ſe repoſer; la Chaſſe s'en fait en hyver, & il n'y fait plus bon lors que les Neiges & les Glaces ſe fon-dent. On les tuë à coups de fuſil, mais il eſt dangereux de tirer à faux, car quelquefois ils entrent en fureur, & viennent à la charge ſur les Chaſſeurs, qui ſe couvrent d'un Arbre pour ſe garantir de leurs pieds, avec leſquels ils les foulent juſqu'à les écraſer. Le *Ca-riboux* eſt une eſpece d'Aſne ſauva-ge, qui dans le temps des neiges, ſe dérobe facilement à toute l'a-dreſſe des Chaſſeurs, à cauſe de la

largeur de ſes pieds qui n'enfon-
cent point dans la neige lorſqu'elle
eſt un peu dure. On trouve chez
les *Oumas*, peuple le plus brave &
des plus civiliſez de tous les Sauvages, un Animal extraordinaire
qui tient du Loup & du Lion; il a
la tête & la taille d'un gros Loup,
la queuë & les griffes d'un Lion;
il devore toutes les Bêtes & n'ata-
que jamais les hommes; quelquefois il emporte ſa proye ſur ſon
dos, en mange une partie, & ca-
che l'autre ſous des feüilles, mais
les autres animaux l'ont en telle
horreur, qu'ils ne touchent jamais
à ſes reſtes: on apelle cet animal
Michibichi. Je ne vous ferai point ici
la deſcription de la Chaſſe des Caſtors, ni l'adreſſe de ces Amphibies à ſe bâtir des petits Forts pour
ſe mettre à couvert de la maligni-
té des Sauvages qui ſont fort friands
de leur peau, qui leur procure les
commoditez de la vie, par l'échan-
ge qu'ils en font avec les François,

+ Quelles comodités! l'eau de vie, les armes
blanches, la poudre, dont ils se serviroient
bien passés.

Je ſçai que vous en êtes fort in-
ſtruite. Venons maintenant à quelque autre article, & comme la Chaſſe des Caſtors eſt tres-ſouvent la
cauſe de leurs guerres, je vais vous
en dire deux mots.

Les Sauvages ont aſſez de peine
à ſe réſoudre de déclarer la guerre, il faut qu'ils tiennent bien des
conſeils, & qu'ils ſoient tres-aſſu-
rez des Nations voiſines dont ils
demandent l'alliance ou la neutra-
lité. La maniere dont ils la décla-
re, eſt d'envoyer un Eſclave de la
Nation avec laquelle ils veulent ſe
broüiller ; ils lui recommandent
de porter au Village de ſes Gens
une Hache dont le manche eſt
peint de rouge & de noir : Quelquefois ils en renvoyent trois ou
quatre, auſquels ils font promettre
avant de partir, qu'ils ne porteront
point les armes contr'eux ; ce que
ceux ci obſervent aſſez fidélement.
La Nation des Iroquois eſt la plus
terrible & la plus à craindre, par-

ce que c'eſt la plus belliqueuſe &
la plus crüelle de l'Amérique; dès
qu'ils ſçavent que quelque Nation
ſe rend plus puiſſante que les autres, ils ne ſe font pas une affaire
de l'aller chercher juſqu'à deux ou
trois cenſ lieuës pour la dompter
& la ſoumettre à leur domination.

Ces Sauvages ſont ſi forcenez,
qu'ils ſe mocquent des peïnes &
des obſtacles qui s'opoſent à leurs
deſſeins, intrépides dans les dan-
gers, ils ſont d'une conſtance
à l'épreuve de tous les ſuplices:
ils ne font & ne demandent preſque jamais quartier; ils ſe nourriſ-
ſent du ſang de leurs ennemis, &
joignent à cette extréme crüauté
toute la ruſe, toute l'adreſſe, &
même toute la prévoyance qu'on
peut ſouhaiter dans les plus grands
Guerriers. Ils ne laiſſent pas pourtant de trouver quelquefois à qui
parler; car il y a entr'autres aux
environs de la Maligne (Riviere
qui ſe décharge dans le Miſſiſſipi)

des Peuples auſſi redoutables aux Irroquois par leur valeur que par leur crüauté ; on les nomme *Quanoatinos* : ils combattent ſans quartier, & ſe font une loy parmi eux d'en brûler autant qu'ils en peuvent prendre. Les Turcs ſe font une gloire de couper la tête à leurs ennemis, les Sauvages ne croiroient pas avoir remporté la victoire, s'ils ne raportoient à leur chef la peau de la tête de leurs ennemis avec leur chévelure.

Il faut cependant avoüer que depuis que ces Sauvages ſe ſont mis ſous la protection du Roy*, les Irroquois ont bien perdu de leur brutalité, & que les châtimens ſéveres dont on s'eſt ſervi à leur égard les ont bien mis à la raiſon. Ainſi les François les ayant un peu humaniſez, il y a à eſperer que les Colonies que l'on y envoye preſentement, en feront des peuples dociles qui ſe rengeront ſous les loix de l'équité, qu'on y verra la ſub.

* L'expreſſion ferme et maxime des François, les Sauvages ont generalement abhorrement toutes domination, et ne traitent avec les chrétiens qu'autant qu'ils y trouvent leur profit.

ordination gardée, & que la Religion y fleurrra dans la ſuite, comme
elle fait en Europe? Mais il y faut
un grand nombre de Miſſionnaires,
le peu de Jeſuites* & de Recolets
qui y ſont ne ſuffiſant pas pour un
ſi grand ouvrage.

Après vous avoir parlé de la
Guerre des Sauvages, il faut vous
dire comment ils ſont la Paix.
Vous ſçaurez que ce n'eſt qu'après
une longue Guerre qu'ils tâchent
d'entrer en accommodement ; c'eſt
à peu près la même choſe qu'en
Europe. Mais lors qu'ils connoiſ-
ſent qu'il eſt de leur intéreſt d'en
venir-là, ils détachent quelques-
uns de leurs Guerriers pour aller
faire des propoſitions à leurs ennemis ; quelquefois ces envoyez vont
par terre, & quelquefois en Canot,
portant toûjours le grand *Calumet.
de Paix* à la main, à peu prés comme un Cornette porte ſon Eten-
dard. Ce terme de *Calumet*, vous eſt
ſans doute inconnu, c'eſt néan-

* Les Scelerats n'y vont que pour s'y pro-
curer des établiſſemens et s'y enrichir dans
le commerce. Les recolets vont y forniquer.

C c

moins un mot Normand qui signifie Chalumeau. Les Sauvages n'entendent pas ce mot de *Calumet*, car
il a été introduit par les Normands
en Canada, dans les premiers etablissemens que les gens de cette
Nation firent en ce Pays-là, & il
s'est conservé jusqu'à present parmi les François qui y sont. Les Irroquois apellent en leur langage
ce Calumet *Ganandavé*, & les autres Nations Sauvages *Poagan*.

Ce *Calumet de Paix* est une grande
Pipe, faite de certaine pierre ou
marbre rouge, noir ou blanc, le
tuyau a quatre ou cinq pieds de
long, le corps du Calumet a ordinairement huit pouces, la bou-
che où l'on met le Tabac en a
trois, sa figure est à peu près comme celle d'un Marteau d'Armes;
les Calumets rouges sont les plus
en vogue & les plus estimez. Les
Sauvages s'en servent pour les né-
gotiations, pour les affaires poli-
tiques, & sur tout dans les Voya-

Ces pretendues conversions, christianisations,
sont de vraies folies, et pour une pinte d'eau de
vie un Sauvage se fera baptiser vingt fois, &c.

ges, pouvant aller par tout en fu-
reté dès qu'on porte ce Calumet à
la main. Il est garni de plumes
jaunes, blanches & vertes, & il
fait chez eux le même effet que le
Pavillon d'amitié fait chez nous,
car les Sauvages croiroient avoir
fait un grand crime, & même at-
tirer le malheur sur leurs Nations,
s'ils avoient violé les droits de cette vénérable Pipe.* Dès que les
envoyez par terre arrivent à la por-
tée du mousquet du Village, quelques jeunes gens sortent & se pla-
cent en figure ovale; aussi tôt, celui qui porte ce grand signe de
Paix s'avance vers eux chantant &
dansant la danse du Calumet, ce
qui se fait pendant que les anciens
tiennent Conseil. Si les Habitans
du Village ne trouvent pas à pro-
pos d'accepter la Paix, l'Orateur,
vient haranguer le porteur du Calumet, qui va rejoindre ses com-
pagnons; on régale cette bande
pacifique de presens, qui consis-

* voir le Discours du tabac, par
Baillard. 1668.

tent en Tentes, Bled, Viande & Poiſſon; mais on lui ſignifie de ſe retirer dès le lendemain; ſi au contraire les Anciens conſentent à la Paix, l'on va au devant de ceux qui la propoſent, on les fait tous entrer dans le Village, & on les loge parfaitement bien, en les défrayant copieuſement pendant tout le temps de la négociation. Ceux qui abordent par eau détachent un Canot, pendant que les autres demeurent derriere, & dans le moment qu'il aproche du Village, on envoye un autre Canot au devant de lui pour le recevoir, & pour le conduire à l'Habitation, où les cérémonies que je viens de dire ſe font auſſi de la même maniere. Ce grand Calumet ſert auſſi à tous les Sauvages amis qui demandent paſſage, ſoit par terre, ſoit en Canot, pour aller à la Guerre ou à la Chaſſe.

Il ne faut pas que je vous quitte ſans vous inſtruire de leur Religion ; vous sçaurez que tous les Sauvages en général sont Idolâtres : on voit pourtant parmi quelques Nations une legere teinture de la Religion Catholique ; ce qui fait soupçonner que les Espagnols dans le temps qu'ils découvrirent les premieres terres du nouveau Monde, avoient penetré dans quelques Villages de ces Nations. Car chez les *Nassonis*, aussi-bien que chez les *Cenis*, on voit les uns faire le signe de la Croix, les autres exprimer par certaines marques le Saint Sacrifice de la Messe ; nos Missionnaires ont même cultivé ces premieres semences de Religion par le moyen de quelques Images, de Croix, & d'*Agnus Dei*, qu'ils leur ont distribué, & comme ces Peuples sont assez dociles, s'il y avoit des Ouvriers à proportion de la vaste étenduë de Pays qu'ils occupent, il y auroit quelque esperance d'une abondante récolte. En général les Sauvages reconnois-

ſent un Eſprit, qu'ils apellent *Kitchi
Manitou*, c'eſt à-dire, grand Eſprit
ou Dieu, qu'ils reconnoiſſent pour
le Créateur de l'Univers, & pour
le Maître de tous les autres Eſprits
bons & mauvais ; mais parmi ces
mauvais Eſprits, il y en a un qu'ils
craignent extrêmement, ils l'apellent *Matchi - Manitou* qui veut dire
méchant Eſprit, ce mot étant compo-
ſé de *Matchi* qui ſignifie *méchant* &
de *Manitou*, qui veut dire *Eſprit*, peut-
être entendent ils par là le Diable,
dont ils peuvent avoir quelque
connoiſſance† Ces Sauvages ſont
néanmoins plus raiſonnables que la
plûpart des Indiens & des Idolâtres
de l'Orient, qui immolent non-
ſeulement des Animaux à leurs
fauſſes Divinitez, mais même des
Créatures raiſonnables ; car tous
les Sacrifices qu'ils font au *Kitchi-
Manitnou*, conſiſtent ordinairement
en des Marchandiſes qu'ils trafi-
quent avec les François pour leurs
Pelleteries. Toute ſorte de temps

† pas plus que du bon eſprit, qui étant
auſſi caché que l'autre.

n'eſt pas propre pour faire leurs
Sacrifices, il faut que ce ſoit un
jour clair & ſerain, que l'horiſon
ſoit net & le temps calme; alors
chaque Sauvage porte ſon oblation
ſur le Bucher, enſuite le Soleil
étant en ſon plus haut degré, les
enfans ſe rangent autour du Bucher avec des écorces allumées
pour y mettre le feu, & les Guerriers danſent & chantent à l'en-
tour, juſqu'à ce que tout ſoit brûlé
& conſumé, pendant que les vieil-
lards font leurs Harangues au *Ki-
chi-Manitou*, en preſentant de temps
en temps des Pipes de Tabac allumées au Soleil. Ces chanſons, ces
danſes & ces harangues, durent
juſqu'à ce que le Soleil ſoit couché.

Pour ce qui eſt des *Taencas*, Nation nombreuſe, & quelques autres
de leurs voiſins, ils adorent le Soleil, & ont des Temples, des Au-
tels & des Prêtres. Dans ces Temples qui ne ſont pas fort magnifi-
ques, on voit au milieu un grand
Foyer

Foyer qui tient lieu d'Autel, où
brûlent toûjours trois grosses Bû-
ches, afin d'entretenir un feu per-
pétuel, comme le Symbole du Soleil : Il y a toûjours deux Prêtres
revêtus de grandes Cappes blanches qui ont soin de ce feu ; c'est
autour de cet Autel enflammé que
tout le Monde fait ses Prieres avec
des hurlemens extraordinaires ; ces
Prieres se font trois fois le jour,
au lever du Soleil, à midi & à son
couchant. A tous les déclins de la
Lune, ils portent par forme de
Sacrifice à la porte du Temple,
un grand plat de leurs mets les
plus délicats, dont les Prêtres font
une offrande à leur Dieu, & ensuite ils l'emportent chez eux pour
s'en régaler. Au-dessus du Frontis-
pice de leur Temple, on voit un
gros billot fort élevé, entouré
d'une grande quantité de cheveux,
& chargé d'un tas de chévelures
en forme de Trophée, il est en-
fermé dans le circuit d'une gran-

D

de muraille, l'eſpace qui eſt entre
deux, forme une eſpece de Parvis
où le peuple ſe promene ; il y a au-
deſſus de cette muraille un grand
nombre de piques, ſur la pointe
deſquel'es on met les Têtes des
ennemis, ou des plus grands cri-
minels. Tout cela fait une étrange
Caſſolette, & on auroit bien be-
ſoin en ces lieux-là des Parfums
& des Aromates de l'Arabie, dont
ces pauvres Sauvages manquent
auſſi bien que moi ; mais ce qui me
conſole, c'eſt que je ne ſuis pas ex-
poſé à de pareilles ſenteurs.

Au reſte, ma chere Couſine,
car il faut finir ma Lettre ; on ne
ſçauroit concevoir la richeſſe & la
beauté de toutes ces Terres habi-
tées par tant de Peuples, qui ſont
déja preſque tous ſoûmis à nôtre
jeune Monarque ; l'abondance y
regne tant en Grains qu'en Fruits
& en Bérail. Il y a même des Mines de Plomb, de Cuivre & de
Fer, & depuis peu on y a décou-

vert deux Mines d'Or, qui ſans
doute vont rendre le Royaume de
de France auſſi riche que le Perou.
Les François y ſont ſi fort aimez,
que pour s'en rendre les Maîtres,
ils n'ont qu'à vouloir s'y établir;
ainſi s'il ſe preſentoit quelque
Amant qui fût à vôtre goût, &
qui eût deſſein de venir s'établir en
ce Païs-là en ſuivant l'éxemple de
tant d'autres, je ne vous conſeil-
lerois pas de laiſſer échaper cette
belle occaſion. Déja les François
ſecondez de Monſeigneur le Ré-
gent, qui prend tant à cœur l'éta-
bliſſement de ce grand Pays, ont
repris ſur les Eſpagnols le Port de
Panſacola, qui eſt le meilleur qu'il
y ait aux emboucheures du Miſſiſſipi, dont ils s'étoient emparez
ſous le Régne du feu Roy, alors
occupé dans les Guerres de l'Europe, pour donner toute l'atten-
tion requiſe à conſerver ce poſte
qui eſt d'une ſi grande importance.
La Compagnie des Indes y a for-

mé plusieurs Colonies, & fait bâtir
divers Forts. sans compter ceux que
Mr de la Salle y avoit fait élever,
qui sont en état de defense dans
les endroits les plus nécessaires :
Ces Colonies même augmentent
tous les jours, & on en forme de
nouvelles, par le grand nombre
de personnes de tous états qui y
vont volontairement ; En effet,
cette célebre Compagnie, à qui
toutes les autres Compagnies étran-
geres ne peuvent être comparées,
ne prennent personne par force,
& ne veulent même engager que
pour trois ans ceux qui se presen-
tent. Déja la Ville qu'on nomme
la *Nouvelle Orleans*, qui sera la Ca-
pitale de la *Louisianne*, a près de
huit cens Maisons fort logeables &
commodes, à chacune desquelles
on a attaché ou assigné cent vingt
Arpens de terre pour l'entretien
des Familles. Cette Ville a une
lieuë de circuit, située sur les bords
du Fleuve de Mississipi à quelques

lieuës de la Mer. C'eſt la réſiden-
ce du Gouverneur & des princi-
paux Officiers de la Compagnie.
On y a bâti de grands Magazins
pour retirer toutes les Marchandiſes qu'on y porte de l'Europe, &
pour y entrepoſer celles du Pays
qu'on porte en France, à meſure
que les Vaiſſeaux de la Compagnie
s'en retournent. Je finis ici ma
Lettre, en vous témoignant que
j'aurai toûjours un ſenſible plaiſir
de vous être utile à quelque choſe,
& que perſonne n'eſt plus touché
que moi des petites peines que
vous reſſentez de l'abſence de vôtre Amie, qui pourroit bien ſe dé-
rober au monde pour paſſer le reſte
de ſes jours dans le Monaſtére où
elle s'eſt retirée. J'ai l'honneur
d'être,

Ma tres chére Couſine,

Vôtre tres humble Serviteur,
Le Chevalier de BONREPOS.

F I N.

PERMISSION.

PErmis d'imprimer. A Roüen, ce premier de Juillet 1720. Signé, BUSQUET. Avec Paraphe. (26. mars 1764)